후포 가는 길

후포 가는 길

로담 정안 시집

White
Wave

서시(序詩)

홀로 부르는 노래

얼마나 그리워해야
한 점 선혈(鮮血)로 토하고
얼마나 더 오롯이 해야
사리(舍利) 한 알을 얻을까

온갖 식물이
꽃으로 피지 않음이 없고
벌 나비로 맺은 열매가
모다 싹 틔우는 것 아니라 해도

모든 말이 시어(詩語) 아님이 없고
모든 시어가 노래 아님이 없는데
오로지
내가 알지 못했고

모든 일상이
법 아님이 없고
모든 법이 참됨 아님이 없는데
오로지

내가 어리석었네

가르쳐 주는 스승 없어도
나뭇가지는 햇빛을 향해 뻗고
아주 작은 꽃씨는 바람 따라
옥토를 향해 날아간다.

목차

04　　서시

1부
___

12　　거울
13　　치매
14　　하늘 빈 마음
15　　핑계
16　　옹알이
17　　길 끝에 서면
18　　삶
19　　잡초
20　　무상곡(無想曲)
21　　무심(舞心)
22　　나[我] 1
23　　나[我] 2
24　　나[我] 3
25　　나[我] 4
26　　나[我] 5
27　　나[我] 6
28　　어느 별에서
29　　회향
30　　무엇을 해도 그대로입니다
31　　독백
32　　의왕(醫王)
33　　나의 열반송(涅槃頌)

2부

- 36 암자에서
- 37 빈 하루
- 38 길목
- 39 비 오고 바람 분다
- 40 먼 길
- 41 봄과 겨울 사이
- 42 주변 별은 빛나고
- 43 산골에 눈이 옵니다
- 44 눈 오는 날
- 45 가을이 오니
- 46 풀을 매다가
- 47 서포나루에 기대어
- 48 비 오는 날에 피는 꽃
- 49 청량산
- 50 풍경의 호흡
- 51 법당 안에서
- 52 유리창에 그린 그림
- 53 노고

3부

- 56 어쩌라고
- 57 꽃과 벌과 나비
- 58 사랑이란 그 흔한 이야기를
- 60 홀로라는 것은 외로움을 지킨다는 거지
- 61 그리움으로 피는 꽃
- 62 추억을 그렸다
- 63 사랑은 마주 보는 것인 줄 알았다
- 64 사랑이란 말은 그리움일 뿐

65	가장 그리운 사랑 한 소절
69	사부곡(思父曲)
70	어머님께 올리는 편지
72	가족은 늘 옳다
73	애틋함으로
74	영혼은 여행 중

4부

76	비가 오니 꽃이 운다
77	밤나무 아래에서
78	들꽃이 피어서 하는 말
79	산속에서
80	목탁
81	나는 알고 있지
82	금강경에 대해서
83	염불 삼매
84	간화선 아닌 게 없네
85	참선의 힘
86	법당이 서면
87	오고야 마는 것을
88	어제 저녁 해넘이 빛이 너무 밝더니
89	점 하나에 품은 꿈
91	그림으로 그리는 시
92	별은 빛나고
93	시절 인연

5부

96	송광사 구산 노스님의 차 1

97	송광사 구산 노스님의 차 2
98	송광사 구산 노스님의 차 3
99	세월이 꽃으로 진다
100	꿈속에라도 한 번
102	내년 봄에 싹이 돋으면 흔연하게 다시 오신 줄 알겠습니다
104	어머니를 모시고 극락세계로 갔다
105	무상 스님 인도 순례길에 1
106	무상 스님 인도 순례길에 2
108	아가타 보원사
109	우리 절
110	가을 설악산의 신흥사
111	옥룡 백계산 동백림
112	성인을 찾아 인각사에 간다
113	기원정사에서 직지사까지

6부

116	밥상머리가 비었다
118	달마가 골프장에 간 까닭은
119	후포에 가면
120	촛불
121	향불
122	벚꽃 나무 아래에 서면
124	배가 고프다
125	네가 누구냐고 물으면
126	말 한마디에 감사함을 전하려고
127	아프다, 많이 아프다.
129	울고 싶을 때에는 운다
130	코로나 19 예방 접종에 책임을 져야
132	이것이 현대 사회
133	사이버 세계에서 온 외계인

134	12월 3일
135	탄핵
136	김건희 오빠
137	대통령을 체포한단다
139	눈 속 까마귀
140	들리지 않는 외침
141	행주와 걸레 그리고
143	입법의 신님
144	어디에서 안민가를 부를까

7부

148	보았느냐
150	그 세월 천 년 더 너머로
152	오늘 우리 부처님의 제자로
154	모두가 함께하신 분이 오신 날입니다
156	오늘 룸비니 동산이 되었네
158	평화의 꽃이 피었네
159	다 함께 성불합시다
161	부처님 윤사월에 오셨다
163	꽃이 피었습니다
165	가릉빈가 춤을 춘다
167	우리 곁에 오신 불보살님
169	염불하는 우리가 부처님
170	연등, 한 꽃이 핍니다.
171	어머니
172	당신으로 인해 나는
174	어느 점에서 만날 수 있는 건가요
175	층간 소음

177	시결(詩結)

1부

거울

거친 수염에
면도를 하려고
거울을 들여다보니
그 안에
육십 대 중후반 아버지가 있다

거울 밖에 나는
누구인가?
이 뭣고?

치매

무욕의 늪이다
지친 몸은 돌아갈 곳을 잊고
기약 없는 기다림만 늘었다

하늘 빈 마음

어느 산골
산 그림자에 묻혀 사는 수행자에게
세상 구경 다 한 것 같은 관객이
초라한 암자를 보고
요즘 무얼 먹고 사느냐고 물으니
근심 걱정을 먹고 산다고 한다.

하늘은 그것마저도
함박눈으로 비워 낸다.

핑계

빌어먹으려고
부처님 제자가 되었는데
그도 올곧지 못해
빌어먹는다.

그러면서 바쁘다고 한다.

옹알이

갓 태어난 아이가
젖을 빨다 말고
손가락을 입에 물더니
태어나기 이전의 나는 무엇이며
지금의 나는 구구인가?

이 뭣고?
옹알
옹알
옹알

길 끝에 서면

가던 길에
뒤돌아보지 마라
뒤따르던 생각이 앞선다.

그 길 끝에 서면
왔던 길
잘되어 있어 혼자 웃는다.

삶

이 세상
내가 하는 일에
출가가 최고 행인 줄 알았는데

모두가 하는 일 가운데
가장 편한 것이었네.

잡초

낮은 곳에서 무성함에
이름을 모를 뿐
꽃과 향기가 없으랴
그 꽃과 향기 또한
묘용시(妙用時)이거늘

거기까지가
한계령(限界嶺)이리라

무상곡(無想曲)

진줏빛 눈 내리듯
켜켜이 쌓인 하얀 그리움 위로
산 능선은 오선지가 되고
무풍無風은 악보가 되어
처마 끝 고드름 파이프오르간 연주에
풍경(風磬)이 무언(無言)으로 노래하니
흰 구름 제멋에
흥에 겨운 춤을 춥니다.

무심(舞心)

젊어서는
세상 신기하다는 생각에
호기심 줄이려고 땅만 보고〔地視〕 다녔는데

늙으니
그도 아니라는 생각에
굽은 허리도 펼 겸 하늘〔仰天〕만 보고 다닌다

이도
무심(舞心)인가

나〔我〕 1

그리워도 볼 수 없고
외로워도 함께할 수 없고
아파도 병문안을 갈 수 없다

원효(元曉)는
그림자를 앞세우고 서쪽으로 간다.

나〔我〕 2

똑똑
안에 계세요
안에 계십니까?

의천(義天)은
말씀을 따라 남쪽으로 갔다.

나〔我〕 3

다짐하고
맹세를 하고 대중에게
그렇게 약속했지만

보조(普照)는
춘삼월에 그림자를 앞세우고 북쪽으로 갔다.

나[我] 4

금생에
찾는다고 마음먹었으면
잊지는 말아야지

태고(太古)는
졸다가 365일이 저물었다.

나〔我〕 5

언제 봤다고
부르는 노래마다
사모곡이다.

서산(西山)은
그림자를 앞세우고 동쪽으로 간다.

나[我] 6

애당초 아는 것이 없어서
32상 80종호 색상만을 좇다가
대웅전 문고리만 잡아당겼다.

또 다른 로담(路談)의
육도 윤회의 길은 신작로인가?

어느 별에서

어느 별에서
십만 억 국토를 지나
극락정토에 태어나기를 발원한다면
푸른 별 지구에 태어날 것이다.

내가 장엄한 아가타이다.

회향

왔던 길 돌아가야 한다.
왔던 길 되돌아가야 한다.

중생으로 왔던 그 길 끝에 서서
왔던 길 되돌아가려고 돌아보니
천 리던가
구만리던가

왔던 길 돌아가려 하니
돌아갈 곳도
돌아갈 길도
화엄(華嚴)의 묵언(默言)들

무엇을 해도 그대로입니다

가을 햇살이
나뭇가지 사이로
파도처럼
유리창에 일렁입니다.

무명을 밝히는 촛불을 켜고
오탁 악취를 맑히는 향을 사르고
삼독의 불을 끄는 다기를 올리니
부처님은 그저 웃습니다.

나는 홀로
법당에 앉아
염불 대신
"산장의 여인" 노래를 부릅니다.

무엇을 해도
하늘은 그대로 푸르고
바람은 나그네처럼 지나가고
풍경은 제 소리에 명상을 합니다.

독백

얼마나 더 아파야 행복할 수 있고
얼마나 더 울어야 웃을 수 있고
얼마나 더 잊고 살아야 그리워할 수 있고
얼마나 더 외로워해야 만날 수 있을까?

유월의 장마 같은 절뚝거리는 삶은
다가가면 멀어지는 아지랑이 같은 행복을 잡을 수 없고
먹구름 가득한 허공 속에서 토해 내는 천둥 낙뢰에

쏟아지는 소낙비 울음소리로 꽃잎을 적시지 못했다.
날마다 잊지 못하는 무형의 그리움은
홀로 인사하는 독백을 만나면 외로움을 잊는다.

의왕(醫王)

환화(幻化) 공신(空身)이라기에
그러는가 했다.
환화 공신이라고
꾸는 꿈이 없을 것이며
꿈속이라고 고통이 없겠는가만
절을 찾으니
환화 공신을 치료한단다.
환화 공신은 누구의 것이며
환화 공신을 치료하는 이 누구인가?

나의 열반송(涅槃頌)

부처님이 쌍림에서
열반에 드시자
전법 제일 제자 가섭이
울며불며 생난리를 피웠지
열반에 드신 부처님이 얼마나 쪽팔렸으면
관 밖으로 두 다리를 내밀었을까?

나 출가 오십 년이 넘었다.
그 법 안에서 죽거든
이러니저러니
어쩌고저쩌고해도
초재에 사십구재
기제사에 염불할 생각하지 마라
천 년이 가고 만 년이 가도 쪽팔리는 것은 마찬가지다.

2부

암자에서

하룻날
돌담을 쌓고 있는데
젊은 객승이 찾아와서는
스님은 어떻게 공부를 하느냐고
친절히 묻기에
다른 이의 공부를 훔치려는
도둑놈을 보았나 했더니
다음 날
이웃 절에 깡패 스님 산다고 소문이 났다.

아직도 밝은 눈을 얻지 못했는가 보다.

빈 하루

유리창 넘어 참새 한 마리
작은 나뭇가지 위에 앉아
사방을 두리번거린다.
벌레를 찾는 것인지
짝을 찾는 것인지
극한 고요함을 두려워하는 것인지

수행 사십 년이 넘은 게으른 행자가
단좌복 위에 앉아
앞뒤 좌우로 흔들리는 모습이
꿈속 업상(業像)에 헤매는 것인지
선정 삼매 속 백척간두에서 내딛는 발걸음인지
새로 익힌 변습인지

텅 빈 하늘 아래
빈 껍질로 배를 채우고
잦은 날갯짓과
언 땅을 녹이는 그리움으로
하루를 그렇게 비워 내며
삼동(三冬) 결재의 밭을 일군다.

길목

꽃이 피었다.
곁에서 바람이 분다.
바람이 거세게 분다.
나무는 꽃잎을 감싸 안으며
온몸으로 바람에 흔들린다.

바람은 그렇게 곁을 지나가고
기다림은 상처 난 흔적만큼 깊어 간다.

비 오고 바람 분다

경구와 명언이
넘쳐 나는 인터넷 세상에
홀로 멍하니 서 있다.

그렇게 차여 넘치는
경구 명언 한 구를
늙은 수행자도
능히 길들이지 못했다.

제 입으로 외치는
경구 명언이
제 스스로의 귀를 시끄럽게만 한다.

먼 길

작가는 작품으로 노래하고
독자는 공감으로 춤을 추는 속에

장사꾼은 이익을 노래하고
사기꾼은 명예를 들썩인다.

촌로(村老)는 산길을 헤매지 않는데
노루가 되레 슬픈 눈망울로 서성인다.

무명작가는 달 밝은 별밤을 지새우면서도
작은 연못 가운데 별 하난 건지지 못했다.

봄과 겨울 사이

오늘은 하늘이
백설기 떡을 찝니다.
가는 빗방울이 한 겹 지나가면
젖은 눈이 한 겹 지나가고
젖은 눈이 한 겹 지나가고 나면
빗방울이 또 한 겹 지나갑니다.
젖은 눈과
작은 빗방울이 쌓인
양철 지붕 위에서는
물 끓는 소리로 흡니다.
봄은 그렇게 맛있게 옵니다.

주변 별은 빛나고

무시이래(無始以來)로부터
팔만사천억 겁 전에 이르러
하늘에 심어 놓은 별 하나가 사그라진다.

무시이래로부터
팔만사천억 겁 전에 이르러
내 별이라고 심은 그도 이 저녁 꽃 지듯이 진다.

미래세(未來世)가 다한다 해도
이제는
그의 별도 그의 육안(肉眼)으로 볼 수 없네.

산골에 눈이 옵니다

눈이 옵니다
산골에 눈이 옵니다
무청 시래기 사이로 옵니다

그제는 나그네로 지나가시고
어제는 손님으로 오시더니
오늘은 절친한 친구로 옵니다.

옵니다
연 삼 일 눈이 옵니다
감자밥 시래기 된장국 향으로
눈이 옵니다

눈 오는 날

하얀 눈이
아주 느리게 내립니다
나뭇가지에도
내 마음의 정원에도
게으름만큼 눈이 쌓입니다

쌓인 눈만큼
마음은 하얗습니다.

가을이 오니

밤새 귀뚜라미 선비 되어
귀뚤귀뚤 글 뜻을
아느냐고 되묻습니다.

그 밤 노루는 뒷산 마루 철학자 되어
왜, 왜라고 소리치며
왜 사느냐고 질문을 합니다.

저 멀리 두견새는
서쪽에 극락정토라고
서쪽 서쪽을 외칩니다.

그러는 와중에도
반딧불이는 집집마다 문전에
등불 하나 켜 놓고 갑니다.

풀을 매다가

식물이 바위틈이든 바위 위든
촌치의 땅을 허락하지 않고 뿌리를 내리면
나는 잡초라 이름하고 풀을 맨다.

업장 두터운 수행자에게
번뇌 망상이 촌각을 다투어 사량 분별하게 하면
나는 무명초라 하고 멸진정에 들고자 한다.

무엇이든 길상초 아니며
어디이든 길상좌 아니랴
놓고 보니 적멸궁이다.

서포나루에 기대어

토끼마을
해는 지는데
주인은 때를 만나 자유롭고
새는 깊은 밤의 외로움을
홀로 달래려 울음으로 노래한다.

세상 나그네인가?
서포나루에 기대어
흔적 없는 시간의 발자국을
그렇게 찾아 헤매며 웃는다.

비 오는 날에 피는 꽃

비는 오고
꽃은 피고
피는 꽃도 나도
걱정이 다시 비로 내린다.

청량산

만산홍엽 가을 산에
바람 살랑 부니
단풍잎 호접 되어
꽃인 양 유수(流水) 위로
살포시 날아가 앉습니다.

풍경의 호흡

법당 처마 끝
풍경 하나가 바람을 따른다.

법당 좌복 위
내 호흡과 바람의 호흡이 다르다.

오늘은 내 호흡 내려놓고
풍경의 호흡을 따르기로 했다.

풍경은 그렇게 나를
무정 삼매에 들게 했다.

법당 안에서

비가 옵니다
유리창 앞에
큰 파리 날갯짓이
별에서 오는 교신 같습니다.

보이지 않는 유리창을 들이받으며
윙윙거리는 큰 파리 날갯짓은
종내 검정 고무신 구멍이 나듯 날개는 떨어져 나가고
목숨마저 잃었습니다.

나는 법당에 들어
법당에 들었다는 것은 알지 못한 채
염불한다고 고래고래 소리만 지릅니다.

유리창에 그린 그림

솔바람에
풍경이 늦잠을 깬 아침
햇살이
바람을 붓 삼아
유리창에 그림을 그리는데
대청마루가 화선지가 된다.

노고

며칠 전부터
오래된 발동기 돌아가는 소리가 들려
그러는 갑다 했다.

그리고 오늘
좌정에 들어 살펴보니
내 심장 돌아가는 소리임을 알았다.

쉬 쿵
쉬~ 쾅 한다.

3부

어쩌라고

꽃이 피니
봄인 줄 알겠다.

비가 온다.
꽃은 어찌하고
그 향기 또한 어떡하라고

벌 나비
꽃 진 자리 맴돈다.

꽃과 벌과 나비

꽃이 곱게 피었습니다.
예쁜 꽃이 피니
벌 나비 날아드는데
꽃은 나비보다 벌을 더 반깁니다.
연유를 물으니
나비는 쌍으로 날아들어 꿀만 따 가고
벌은 홀로 찾아 어루만지며 주머니에 담아 온
꽃가루를 주고 간다고 했습니다.

사랑이란 그 흔한 이야기를

사랑이란 그 흔한 이야기를
아무렇지도 않듯 말할 수 없어
별 의미 없는 평범한 어느 날에도
그대를 만나고 헤어지는 뒷그림자의
반복된 그리움에 홀로인 외로움에
스며드는 스스로의 진실함이었어.

사랑이란 그 흔한 이야기를
사랑한다고 그냥 말할 수 없어
두려움에 가슴 조이는 그런 날이 아니라
우연히 다가가는 어린아이처럼
설레는 아름다움에 아리는 아픔의 메아리로
젖어 드는 나만의 솔직함이었어.

사랑이란 그 흔한 이야기를
아무렇지도 않듯 그렇게 사랑한다고
그냥 말할 수 없었던 것은
마음 한쪽 비어 있는
빈 가슴 그대로의 애오라지로
채워지지 않는 홀로인 그리움이었어.

사랑한다는 그 흔한 이야기를
사랑한다는 흔한 말로 할 수 없었던 것은
사랑이라 애절 흔적은 모양도 없고
사랑이란 그리움 또한 맡을 수 없는 향기에
그 흔한 사랑이란 색깔 없는 빛은
사랑이란 이름으로 사랑을 찾을 수 있기에.

홀로라는 것은 외로움을 지킨다는 거지

보고 싶다는 말도
제가 그리워서 하는 말이지

잘살아야 한다.
배고프면
우정도 사랑도 떠나간다.

이별 후에는
그리워해야 할 이유도 없어진다.

홀로라는 것은
외로움을 지키며
까마귀 우는 소리를 들어야 한다는 거지.

그리움으로 피는 꽃

너는 피는 꽃으로
아름다움으로
멍하니 하늘만 바라보게 한다.

나는 삶의 향기에
곁에 그리움 하나로
우두커니 또 하늘만 바라보게 한다.

흐르는 시간이
쌓인 경험으로
그 자리 그대로인데

너는 어디로 가고
나는 어디로 가고
외로움만 홀로 서 있는가?

추억을 그렸다

이젤에 캔버스
물감과 붓을 챙겨
그림을 그리려다가
도구로 그릴 수 없는
추억을 그렸다.

첫눈 내리는 눈 속에서도
꽃이 피는 꽃밭에서도
비바람 부는 폭풍 속에서도
단풍 든 만산 속에서도
돌담 넘어서서도

안으로 안으로만
숨어들던 추억들이
오롯한 그대로의 색으로
빼고 더할 것 없는 명화가 되어
자신을 스스로 눈물짓게 한다.

사랑은 마주 보는 것인 줄 알았다

사랑은 마주 보는 것인 줄 알았다.
아버지는 할아버지가 되고
아들은 아버지가 되고
아버지는 그때서야 할아버지를 사랑한다.

사랑이란 말은 그리움일 뿐

널 생각하면
그리움뿐인데
흐르는 눈물이
어느 강가 수양버들처럼
바람에 머리를 감고
물빛에 화장을 하여도
사랑한다는 말은 못 했다.

사랑한다는 말은
이별을 늘 불안해해

가장 그리운 사랑 한 소절

사랑할수록 그리운 것은 속일 수 없는 감정인가요
그리울수록 미워지는 것은 괜한 질투인가요
사랑인가요. 사랑하고 싶어요.
사랑하고 있나요, 사랑할 수 있게 해 주세요.
돌아서려는 당신을 되돌려 주세요.
떠나시려는 그리움을 되돌려 주세요.
사랑할수록 사랑이 그리워요.

1.
사랑할수록 그리운 것은 어디에다 말할까요.
어떻게 말해야 하는 건가요.
속일 수 없는 감정인가요 뭐라고 말할까요.
아닌데도 변명만 늘어놓는, 그리울수록 미워지는 것은
작은 거짓말쟁이가 되는 것은 무엇인가요.
괜한 질투인가요, 이야기에 뜨거워지는 정감은 누구인가요.

2.
부는 바람에 누가 울기라도 했나요.
떨어진 낙엽으로 이별을 노래하기에는
사랑해 본 일조차 없는

무엇이 사랑인지 물어본 일조차 없는
해맑은 미소에 낯 붉히는 사과 향기인 것을

3.
남인 듯이 휙 지나가는 골목 바람 끄트머리에도
또각거리는 폭설이 내리는 그 거리에도
향기로 피어오르는 작은 꽃들의 얼굴에도
홑이불 쓰삭 거리 듯 뒤척이며 뒹구는 후원 낙엽에도
그대를 그리는 그리움의 설렘이 음악이 되어
심장을 춤추게 합니다.

4.
타는 그리움에 부르면 부를수록 하얀 재가 되고
그리워하면 그리워할수록 가슴만 아리는 나이지만
당신을 사랑합니다. 사랑하는 당신은 어디에
모습도 향기도 나의 그리움도 모른다 하시니
하늘이라 하시리까. 꽃이라 하시리까.
누구의 진실이라 하시리까.

5.
창호지에 스며드는 물인 듯 그리워하는
너를 내 생각이라 할 수 없고
달빛이 내리는 초겨울 서리가 되어
너 아닌 다른 모두의 나를 사랑하는 모든 것들이
사랑이 아닌 질투라 해도 그립고 그리워합니다.

6.
눈처럼 내렸다가도 사랑의 온기에 녹아내리고
거품처럼 부풀어 오르다가도 작은 손짓으로
만지려 하면 터져 버리고
향기처럼 풍겨 나오다가도
몸짓 작은 바람 한 점에 흩어져 버리는 그리운 사랑

7.
별똥별 같은 빛 속에 타 버린 사랑일지라도
가끔씩 기억되는 불안한 미래도
갈망하는 번다함도 업연의 질긴 거짓 환영도
너 나 우리 만상 삼라 그대로의 모습으로
사랑할 수 있으리라.

8.
사랑했으므로 애절한 원망은
사랑하지 않는다는 의심을 녹이지 못하고
찬 이슬에 젖어 드는 땀으로 눈물을 삼키니
비로소 백척간두에서 뛰어내리듯
질문 없는 질문으로 답 없는 답을 얻는다.

9.
사랑으로 잊었습니다. 사랑한다는 말조차
사랑하고 있다는 것조차 잊었습니다.
언어가 끊어진 곳에서 하나임을 느끼고
마음으로 하는 이야기 속에 묘유의 진공이
사랑과 내가 하나임을 알았습니다.

사부곡(思父曲)

백척간두라
십 년 묵은 벼루를
말강 물이 되도록 씻었다
헛헛함이 외로움보다 더한다.

그리움에 골바람〔骨風〕이 분다.

어머님께 올리는 편지

어머님 품 안에서 지내던 유년의 시절보다
부처님 법 안에서의 생활이 더 깊어져
출가한 파고의 흐름이 사십 년이 넘었습니다.
늙은 도반들은 소식만 들리고 몸은 병고만 찾아 드니
법을 얻지 못한 수행자에게는
어머님께 친절하지 못한 불효에 대한 애상만 남는가 봅니다.

고향 떠나 출가한다고 할 때에
출가하여 법을 얻으면 육친이 생천 한다고 하지만
평생 출가 수행자로 논두렁 베고 죽을 수 있느냐고
어머니께서 낮은말로 물으셨지요.
기억의 첫 자리에 늘 자리하였습니다.
소유하지 않는 탐착도
세상사 있는 그대로 놓고 볼 수 있는 차이라는 것도
차이는 있으나 차별하면 안 된다는 것도
수행으로 얻은 큰 힘이었습니다.
그날은
들에 핀 작은
꽃들이 무지갯빛으로 아름다웠습니다.

어머니
사람 몸 받기 어렵고
남자 몸 받기 어렵고
부처님 법 만나기 어렵다고 했는데
금생에 들어 이 세 가지 어려운 일을 모두 이루었으니
수행자로 설혹 불효의 애상이 참회로 남더라도
다음 생에는 더 좋은 일만 있지 않겠습니까?
어머님의 사랑은 큰 울타리이었습니다.

가족은 늘 옳다

하루 일을 마친 사람들의
허허로움이 깊을수록
스스로의 아픔은 커진다.
진실을 추구할수록
앉고 일어서는 것은 허구일 뿐이다.

홀로인 사람들은
전화벨 소리마저 죽어
하루가 적막으로 멸진정을 말하지 않아도 된다.

그래서 귀를 자르는 정신병자가 되고
뭉크의 절규 소리가 차라리 낫다.

멈추려고 가면 돌아오지 못하고
나룻배를 타는 것도 아닌데 건너가면 만나지 못하고
그리워도 볼 수가 없다.

부딪치고 깨지고 아파해도
서로가 부여안고 마주 보면서 함께하는 것이 가족이다.
그래서 가족은 언제나 사랑으로 옳다고 한다.

애틋함으로

나무에서 떨어진 나뭇잎이
몇 번이고 주저앉으려 바위도 붙잡고
낮은 풀에도 기대 보지만
바람에 떠밀려
이내 멀어지고 맙니다.

영혼은 여행 중

사랑함으로
당신을 영혼이라 불렀지요

그런 당신은 떠나고
여러 사람들의 도움으로
나는 홀로 심산유곡 봉분으로 작은 집을 지었습니다.

당신으로 하여금 사랑받던 육근은
당신이 떠나신 이후 입맛 잃은 치매 환자로
육진의 경계나
육식의 알음알이는 괴멸되었고
당신을 기다리듯
쑥대머리 봉분 속 백골로 진토 되기를 기다립니다.

당신은 먼 길 떠나시면서
서방정토 극락세계로 여행 갈 것이라 했습니다.

4부

비가 오니 꽃이 운다

꽃은 피어
환희로운 얼굴에
마음 가득한 향기로
오고 가는 벌 나비에게
꿀과 꽃가루를 시여(施與)한다.

그런
곱디고운 꽃이
비가 오니 꽃이 운다.
빗소리로 울어 울음 운다.

밤나무 아래에서

툭
햇살이 밤을 딴다
떨어진 밤송이 밤은
한 알은 하늘에 바쳤는지 비어 있고
한 알은 벌레가 먹었다.
다람쥐와 함께하라 그대로 두고
나머지 한 알은 내가 주워 가진다.

농부가 콩을 심을 적에
한 구덩이에 세 알을 넣는 것이
이에서 배운 철학인가 한다.

들꽃이 피어서 하는 말

아주 우연히
가는 들길에
참으로 작은 들꽃 하나 피었다.

그 꽃을 보고자
온 정성을 들여
주변 풀들을 뽑았다.

삭막함에 분위기는 죽고
쓸쓸함에 외로움만 더한다
어리석음은 스스로도 모른 일이더라.

아주 작은 들꽃 하나
꽃은 그리움으로 더욱 애틋하고
들길은 낯설기만 했다.

산속에서

어려서 집을 떠나온 이후
새들에게는
돌아갈 집도 없고
곡식 창고도 없고
학교도 없고
병원도 없고
갈아입을 옷도 없다.

곱고도
참 예쁘다.

목탁

어린아이가 운다.
목 놓아 운다.
아픔에
서러움에
그리움에

목탁이 운다
그칠 줄 모르고 운다.
신도들의 소원하는 발원에
기도하는 스님의 번뇌에
주지 스님의 천하태평 원력에

울음이 그치는 그날
모두가 기다린다.

나는 알고 있지

니는 아니
이게 뭔지
이게 뭔데
이 뭣고도 모르나
모르니까 이 뭣고 아이가

모르면서 우에 안다 하나?
니는 아나
다 아는 것 아이가?
모두가 모른다는 것을
다 안다.

조주 스님이 이야기했다.
개에게 불성이 없다고 한 것은
업식 때문이라고
니는 알고 있지
우리도 업식 때문에 불성이 없다는 것을

금강경에 대해서

너는 금강경을 이야기할 적마다
무념으로 종을 삼고
무상으로 체를 삼아
무주를 본으로 삼는
사구게를 찾아
공을 설한 경전이라 했을 것이냐

이는 보살심을 설한 것으로
나는
이제부터
보살심을 내어
법 보시를 행할 것을
설한 경전이라 말할 것이다.

염불 삼매

그 좋다는 참선을 하다
길 잃으면
무간지옥에 떨어진다.

늙고 병들어
제 몸 일으켜 세우기 힘들거든
욕심 내려놓고
아무런 생각 없이
나무아미타불 세 번만 하거라

칠중난순 칠 중 라망 칠 보수
백학 공작 앵무 사리 장엄이 화려하지 않더라

간화선 아닌 게 없네

후배에게 전화가 왔다.
스님 뭐 하십니까?
염불합니다.
스님도 늙었습니다.
아니!
부처가 되고자 출가를 했으니
부처가 되고자 하는
염원을 이루어야 할 것 아니냐

저잣거리 서방정토(西方淨土) 아님이 없고
처처에 선방으로 간화선(看話禪) 아닌 곳 없고
염염(念念)에 염불(念佛) 아닌 데 없네.

참선의 힘

하동에는 칠불사가 있고
칠불사에는
아자방 선원이 있다.

아자방 선원에 앉아
졸면서 방귀만 뀌어도
문수보살님이 가호하신다.

까닭에 누워 빈둥대는 것보다
앉아 졸 수만 있다면
참선하는 힘이 된다.

왜냐면
앉아 졸면서 방귀 뀌는 것을
칠 통 타파관이라 했기 때문이다.

법당이 서면

꽃이 피면
벌 나비 날아들고
물이 깊으면
작고 큰 물고기 노닐고
숲이 우거지면
백수가 깃든다.

행자에게
화두가 깊으면
진실함이 간절하고
고통이 심하면
행복을 기원하듯이

어느 자리
먼 곳에
법당이 서면
중생에게 복과 지혜가 담긴다.

오고야 마는 것을

그 사람이야
아니라 하겠지만
오죽한 패악질로
도박에 주색잡기를 한다고 하여도
그도 그렇고

최상의 스포츠라며 해외 골프로
제아무리 정신을 못 차릴 환희지에 오른다 해도
그도 그렇고

무상살귀(無常殺鬼)가
염염신속(念念迅速)으로
너를 잡으려고 오지 않는 것이 아니지 않는 것도
그도 그렇고

그렇다고
하지 않는다고 안 오는 것은 더더욱 아니기에
습관이 관습이 되어 버린 지금
멈추면 선업(善業)이라 하겠느냐.

어제 저녁 해넘이 빛이 너무 밝더니

북극 빙하가 녹아
하늘을 타고
아침부터 눈으로 내리더니
이 저녁 지나는 길에도
멈추지 아니합니다.

송풍기로 불어 내면
송풍기가 울고
가래로 밀어내면
가래가 울고
빗자루로 쓸어 내면
빗자루가 웁니다.

행여 내가 밟으려 하면
그 자국 남길 만하냐고
되묻는 소리에
바람은 침묵으로 지나고
새들은 노랫말도 잊었습니다.

점 하나에 품은 꿈

나무 작대기로 모래에 줄을 긋고
부지깽이로 땅바닥에 글씨를 쓰고
못으로 은박지에 그림을 그려도
스스로가 익힌 일이다

그림을 그리다 귀를 자르고
작곡을 하다 눈이 멀고
참선을 하다 미쳐 버려도
스스로가 한 행동이다

무소유로 선이 가난하고
복이 많아서 색이 부귀하다
타고난 제 모습의 구상도
스스로가 지은 업의 여백이다

대화가 넉넉하고
생각이 이웃을 품었으니
하고자 함이 노래를 부르고 붓끝이 춤을 추나
사랑 없이는 어루만질 수 없다.

익힌 일과 행동으로
지은 업 그대로 행복하다
하는 일이 환희롭다
그러함이 화폭에 우주를 품었다.

그림으로 그리는 시

계절이 꽃을 피우면
꽃은 나비를 품고
나비는 날갯짓으로 춤추며
하늘은 별빛으로 노래한다.

선사는
길 없는 길을 가고
줄 없는 거문고를 타며
구멍 없는 피리를 불지만

지팡이 하나 짚고 길을 나서면
지팡이는 붓이 되고
한 방울 눈물은 색감이 되어
그대로가 그리운 이웃이기에

허공은 태산을 안고
바다가 품은 만 줄기 강으로
시인은 글로 그림을 그리고
화가는 그림으로 시를 쓴다

별은 빛나고

가슴이 먹먹할 때
눈물로 달래고
마음이 답답할 때
긴 한숨으로 보내고
사랑이 스스로의 고통일 때
무욕으로 놓았다.

그때마다
별은 하늘에서 빛났다.

시절 인연

삶이란
정답 없이 살아가는 것이기에
미워하기도 하고
그리워하기도 하지만

너무 슬퍼하지도 말고
너무 아파하지도 마라
그 누가
눈물 젖은 빵을 먹어 보지 않은 사람이 있으랴

영아도 울어야
엄마가 젖을 물리지 않더냐

5부

송광사 구산 노스님의 차 1

정약용은 강진 보림사 스님들에게
구증구포(九蒸九曝)의 제다법을 알려 주고
죽로차 한 봉지를 얻었다 했다.

그 시대 구증구포는
한약 조제법으로
도교의 선단(仙丹)을 만드는 데에서 유래했다.

송광사 방장 구산 노스님은
나그넷길에 생찻잎을 만나면
아무런 도구나 기구 없이
손끝에서 요물 조물 매만지작거리다
물기가 잡히면 잎을 펴서 마르기를 여러 번
그렇게 차가 만들어지면
때에 따라 즐기셨다.

나는 그 차의 무진향미(無盡香味)의
맛을
아직도 모른다.

송광사 구산 노스님의 차 2

봄이면
대나무밭 차나무에서 찻잎을 따는데
구산 노스님은
찻잎을 따기 전 가을이면
소금을 사서 대밭에 거름으로 뿌렸다.

나 어릴 적
여린 찻잎을 대바구니에 따서
화덕에 불을 때고 볶는데
한두 번을 덖고 볶는 것이 아니었기에
차에 대해 모르는 나는
다급함을 못 이겨 덖어진 찻잎을 빨래 짜듯 짰더니

노스님 일갈하셨다.
이놈아 홍차 된다.

송광사 구산 노스님의 차 3

전기가 들어오지 않던 송광사
화롯불에 물을 끓여
차를 드시던 노스님은
찾아오는 방문객에게
곱슬곱슬한 차를
맛있게 내어 주시고는

점심
공양하러 가실 적이면
우려냈던 찻잎을 다관에 다시 넣고
화롯불 방 안 향기로
오후를 즐기셨다.

세월이 꽃으로 진다
— 비구니 명선 스님 기일에

명선은 진면목보다
박정선의 업연을 먼저 알고 싶어 했다
특별한 만남이란 환희로운 공업(共業)보다
긴 이별에 아리는 별업(別業)이 더 궁금해
병이 되어 버린 가슴 아리다.
무진 겁을 녹이는 선업을 밝히면서도
금생 불보살을 꿈꾸는 것은 더더욱 아니었기에
모진 세월이 지난 그 언저리에서라도
삶의 동업(同業)을 녹이는 동행(同行)으로
나르바나 만행을 하고 싶어서이다.
아침 해가 아직도 그 자리인데
세월이 꽃으로 진다.
향기가 바람에 흩어지기도 전에
생기 나던 색깔들이 책장 속
책갈피 추억으로 잠기려 한다.
서둘러 걸망 하난 짊어지고
칠보 장엄한 칠 층 난간
연방궁전 연화대에
아미타불 설법 들으려
나그네 되어 간단다.
많이는 아니어도 늦게 가도 되는데.

꿈속에라도 한 번
— 진불장 혜성 대종사님 영전에

한 생각에 십만 억 국토를 지나
극락정토에 나고
일초직입(一超直入)으로
여래지(如來地)에 올라
열반에 드셨다 하시지만
소납은 어리석은 중생이기에
아주 어리석은 중생의 생각을 뛰어넘지 못합니다.

먼 길 떠나시면서
여비는 챙기셨습니까!
목마르실 텐데 물은
불법의 교육과 복지를 가꾸다
법난의 액난과 고난을 겪으셨으니
몸은 깨지고 부서진 상처로
노구(老軀)에 소금 절이듯이 이곳저곳 다 아리고
쥐가 난 듯 뒤틀릴 것인데
비상약은 준비하셨습니까?
해가 지고 날이 어두워도
어느 누구 동행할 수 있는 길이 아니니
친구 삼아 지팡이 하나 짚으시고

너럭바위 만나면 앉아 쉬었다 가십시오.
가시다가 마저 가르치지 못한 말씀이 있거나
해야 할 일이 남아 있으면 언제든지 돌아오십시오.
시자가 묻지 못한 궁금함에 전로(前路)가 막혀
방황하던 길에 눈물을 훔치면 좋아라 할 것입니다.
그래도
어디쯤 가시다가
상춘객 되어 구경하는 길에
스치는 경관이
익숙한 듯 언젠가 와 보았던 곳으로
평안하고 안락하게 여겨져
추억으로 은연히 부르는 환향곡을 부르실 적에는
꿈속에서라도 웃음 한 번 보내 주십시오.
스님께서 떠나신 먼 길
잘 도착하셨다는 안부 편지로 받아 읽겠습니다.

내년 봄에 싹이 돋으면 흔연하게 다시 오신 줄 알겠습니다
― 성호 큰스님을 추모하며

길 없는 길에서 법구를 장엄하고
답 없는 답을 얻어 의심 없는 진실하고 밝은 지혜로
영전에 일련의 향을 사르며 지극한 마음으로 예배하옵니다.
오실 때 그랬던 것처럼 가시는 모습 그렇게 여법하시니
삼천 대천 세계가 슬퍼하고 만물이 애절함으로 조문을 합니다.

잘 가셨으니
어디로 가셨습니까?
가시는 곳은 정해진 바가 있습니까?
가시면서 남기신
다 겁 생에 받은 몸은 환화 공신으로 말이 없었으나
아름답게 피어오르는 저 온갖 꽃들의 아름다움은
그대로의 모든 부처님의 어머니이십니다.
환희롭고 절명합니다
자비로 남기신 그 말씀
남기신 말씀 그대로
모두가 편안하고 행복할 수 있도록
함께 하겠습니다.

스님!

없으신 말씀 가운데
오신다고 하시니
기다리겠습니다,
내년 봄에 싹이 돋으면 흔연하게 다시 오신 줄 알겠습니다.

어머니를 모시고 극락세계로 갔다
— 법광 스님 모친 제문

천사백 년 전 신라의 땅 고산사에서
사복의 어머니가 돌아가시자
원효 성사를 모셔 법문을 청하니
"태어나지 마라 죽는 것이 두렵다.
죽지 마라 태어나는 것이 두렵다." 하니
사복이 하는 말
"너무 길다."라고 하면서
"나고 죽는 것이 괴롭다." 하고는
어머니를 모시고 극락세계로 갔다.

오늘 그와 같이 도덕암에서
운봉 법광 종사가
석주 대종사에게 보살계를 받은
모친 보광명보살 사십구재 설단에
"회마(會麽)"라 이르니
푸른 하늘에 햇살이 오색으로 빛나고
구름이 연꽃으로 피어오르며
솟는 샘물이 칠보로 흘러넘치니
아~ 그 아름다움이
환희장마니 연화장세계이며
그대로가 아미타불 현신이어라.

무상 스님 인도 순례길에 1

법현과 혜경 혜달
도정이 가고
현장이 가고
혜초가 가고
무상(無想)이 갔다.

화엄이 있고
법화가 있고
금강이 있고
열반이 있었다.

그 길에
관경이 있고
관법이 있고
여래선이 있고
염불선이 있는데
간화선은 없었다.

무상 스님 인도 순례길에 2

호흡 한 번에
부처님 생각하고
한 번의 호흡에
부처님 닮아 가고
호흡하는 사이에
부처님 되어 간다.

한 걸음 내디디며
부처님 생각하고
걸음 한 번 내디디며
부처님 닮아 가고
내디디는 걸음마다
부처님 되어 간다.

한 생각 일어날 때
부처님 생각하고
일어나는 한 생각에
부처님 닮아 가고
생각생각 한 생각에
부처님 되어 가는

부처님을 닮고자 하는
당신은 구법자.

아가타 보원사

죽을 자리 찾아 들어와서는
그렇게 입을 앙다물었으니
이빨이 금이 가고 떨어져
밥에 돌이 들어간 줄 알았고,

제 분(忿)에 산(山)만 한 바윗돌을 깨어
주변 축대를 거친 한숨으로 쌓았으니
잊으려는 기억에 치매가 올 만하다.

제 심장 나대는 것을 못 이겨
혹 한 방에 저승 갔다 왔으니
주변 이웃이 의사이자 은인이 되었다.
죽자 살자 지내 온 것 같은데
기억이 엄벙덤벙 이십 년이다.

우리 절

무위(無爲)로 터를 다듬어
무심(無心)으로 주춧돌을 놓고
무주(無住)로 기둥을 세워
무종(無宗)의 대들보를 올려
무상(無想)으로 서까래를 지르니
무욕(無欲)이 지붕 되었다.

청풍(淸風)으로 벽을 쌓고
명월(明月)로 등불 삼아
청산(靑山)에 창을 내어
백운(白雲) 선탑(禪榻)을 놓고
유수(流水)로 샘을 이루니
창공(蒼空)이 길이 되었다.

무념(無念) 밭에 우담바라 심어
무진향(無盡香) 멸진정(아가타)에서
무억(無憶)의 보리과를 나누니
마왕(魔王)은 호법선신 발원을 하고
지신(地神)은 불국토를 장엄하니
길일(吉日)이 절이 되었다.

가을 설악산의 신흥사

온 산 단풍 들어
미묘함이
어린아이
색동옷 입은 듯.

푸른 하늘은 맑은 웃음으로 환희롭고
한 조각 떠가는 흰 구름은 감탄사가 되고
흘러내리는 토황성 폭포수는 느낌표가 되니
신흥사 풍경은 소리 내어 시를 읊는다.

옥룡 백계산 동백림

옥룡 백계산에는
천 년의 역사를 품은
2만여 평에 칠천 그루의
봄 동백이 붉다.

붉은 동백림에는 옥룡사지가 있고
옥룡은 도선의 호(號)이자
그의 신력은 숯 한 짐에
봉사의 눈을 뜨게 했다는
맑은 샘 이야기가 있다.

옥룡 북초등학교 학생들은
늘 봄 소풍으로 이곳에서 보물찾기를 했고
노산 이은상은 동백 꽃잎에서 도선을 찾았지만
나는 한 번도 찾지 못했다.

옥녀(玉女)는 동백꽃 거문고에
동백 꽃술 거문고 줄로
다선일미(茶禪一味)를 연주하면
뚝 줄이 끊긴다. 꽃 떨어진다.

성인을 찾아 인각사에 간다

은해사에 가면 혜철국사 적인을 만날 수 있고
인각사에 가면 화쟁국사 원효를 만날 수 있고
운부암에 가면 원교국사 의상을 만날 수 있고
거조암에 가면 보조국사 지눌을 만날 수 있다.

화쟁국사 원효와 보각국사 일연은
동향 압량 인으로, 지금의 경산 성인이다.
정안과 남해분사도감에서 대장경을 조성하며 호국 안민하다
대장경 낙성회 끝에 노모의 봉양을 위해 인각사로 내려왔다.

인각사에서 보각국사 일연선사를 만나면
고조선과 위만조선의 기이한 신화를 알게 되고
흥법과 탑상 의해와 신주에 담긴 향가를 부르다 보면
감통과 피은 효선의 설화에 삼국사기가 귀를 기울인다.

사굴산문과 가지산문인 구산선문을 통합하여
임제의 간화선 꽃향기에 새가 노래하고 나비 춤 속에
오늘도 아침 해가 보각국사 탑비(塔碑)에 뜨니
탑비의 서광이 노모(老母)의 묘지를 비춘다.

기원정사에서 직지사까지

아도화상이 태조산(太祖山) 도리사에서
저곳이 급고독장자가 황금으로 동산을 장엄한
기원정사 터라고 가리키니 산은 황악(黃岳)이 되고
절은 직지인심(直指人心) 견성성불(見性成佛) 하는
직지사(直指寺)다.

황금빛 장경루(藏經樓) 대장경이 방광을 하면
머무른 바 없고 말이 없는 가운데
봉황이 날아들어 불국토를 장엄하니
모두가 그렇게 그와 같을[能如] 줄로만 알았다.
일주문(紫霞門) 밖 노을이 붉게 지기 전까지.

꿈이다. 꿈이었다.
임진년 꿈이라고 했다.
사명대사(四溟大師) 신통묘용으로 그 꿈 깨워
잠자던 동해 밖 연못에 삼천 연꽃을 피워 내니
지금은 산도 푸르고 강도 푸르고 하늘도 푸르러
푸른 동산(綠園)이라 한다.

6부

밥상머리가 비었다

동지라 팥죽을 쓰고자
멥쌀과 찹쌀을 적당량으로 섞어
방아를 찧어 새알을 빚고
팥을 삶아 체에 거르고
진한 팥물을 다시 한 번 더 끓여
통쌀을 조금 더해 옹심이 새알을 넣었다.
장작불을 돋우니 불담이 신이 났다.
추운 날씨에
조금은 힘이 들었던 게으름으로
아궁이 앞에서 졸다 보니
옹심이도 타고
팥물도 타고
솥도 타고
장작도 다 타고
속도 타 버렸다.
차가운 바람이 분다.
탄내가 코끝을 지나 업장(業障)을 치고 간다.
그 속에 팥이 있고
옹심이가 있고
흰 쌀알이 있고

약간의 소금 간도 있다.
밥상머리가 비었다.

달마가 골프장에 간 까닭은

양(梁) 무제가
소림굴 앞에서
스님 어디 가셨냐.
예!
골프장 가셨는데요.
그래 운동은 해야지

야단법석일 것 같은
골프장엔
달마는 없고
김 프로
박 프로
정 프로만 불리는 속에
양(梁) 무제는 소림 권법을 익히고
부지깽이는
허공에 일원상을 그린다.

후포에 가면

초록 햇살에
포항 후포에 가면
솜구름 옷깃에 담아
울릉도를 간다.

울릉도에서 명이나물에
맛있는 밥을 먹고 나면
바람길 따라 독도를 갈 수 있다.

독도에 오르는 환희로움은
애국가 한 소절만으로도
오롯한 그리움은 절로 녹아내리고
하늘 바다 한 빛깔로 푸르른
독도 그대로가 수미산이다.

촛불

성냥을 켜고
초에 불을 붙이니
촛불이 켜졌다.
바람 불 리 없는 아주 작은 공간에
참선하듯 고요했다가
관경하듯 깜박거리다가
염불하듯 흔들리다가
아픈 듯 그을림을 일으킨다.

그래도
어둠은 촛불만큼 밝아졌다.

향불

반딧불이 불빛보다 더 작은
말 그대로 불씨도 되지 않는
훈향이 스치면 찾게 되는 불빛으로
빛보다는 제 몸을 태운 향이
두 줄기 구름 되었다가
향기 바람 일면 무진 운무(雲舞)로
향 장엄 세계를 이룬다.

향훈이 사라질 적이면
제 몸은 찾을 길 없다.

벚꽃 나무 아래에 서면

벚꽃 나무 아래에 서면
군중의 함성이 들린다.
꽃이 좋아 축제를 여는 잔상에
사람들의 환호성에 쓰러진 술병과
울분의 애환으로 타고 남은
담배꽁초가 아닌

아름답다는 꽃을 유혹하지도 않고
그 향기에 취해 흔들리지 않으면서
꽃잎 하나 떨어뜨리지 않고
꽃술 하나 다치게 하지 않으면서도
원하는 것은 한없이 베풀고
돌아서며
주는 것만큼 만족해하는
아름다운 지혜가 있다.

스스로의 분노를
국민의 뜻이라 포장하며
삼 옥타브를 넘나드는
위정자의 고함이나

조직의 이익을 대변하는 말의 함성이 아니라
일하는 날갯짓의 부지런함으로
함성의 소리는 힐링하는 음악이 된다.

배가 고프다

세상을 향해
할 일과
한 일이 없으니
볼 것이 없고
들을 것도 없고
말할 것이 없다.

점점 후천적 장애인이 되어 간다.

네가 누구냐고 물으면
― 세월호 사실 규명 촉구를 위하여

질 좋은 무를 사다가
얇게 삐져서
부재료에 소금 간을 하고
약간의 양념으로 공을 들이면
잘 끓인 뭇국은
밥상의 밥과 반찬들이 무진 소통을 한다.

언론은 무슨 밥을 먹었냐고 묻기만 한다.

말 한마디에 감사함을 전하려고

바다는 저렇게 일렁이며 살아 있는데
바다는 짙푸른 하늘을 그렇게 희망하는데
바다는 이렇게 숨 쉬고 있는데.
우리에게는 그리움뿐인가요.
우리에게는 애절함뿐인가요.
우리에게는 절망뿐인가요.
함께할 수 있게 해 주세요.
어루만질 수 있게 해 주세요.
사랑할 수 있게 해 주세요.

별업(別業)인가요.
공업(共業) 아니던가요
우리 함께 사는 세상인데.
당신의 힘으로는 그렇게 몹시 어려운 일도 아닐 텐데
모두에 희망하나 건져 올리자는데
어쩌자고 애써 모른 체하십니까.
우리는 지혜의 문수보살을 부르고
우리는 자비의 관음세음보살을 부릅니다.
그것이 당신이었으면 좋겠습니다.

아프다, 많이 아프다.
— 아 세월호

아프다, 많이 아프다.
어른들의 잘 자라야 한다.
훌륭한 사람이 되어야 한다.
정직해야 한다.
나라의 기둥이 되어야 한다는 진심 어린 말이
하찮은 잔소리가 되지는 않았는지.

아이로 부모로 만나
함께했기에
뇌성벽력의 소리로
폭풍 같은 한숨을 몰아쉬며
흐르는 눈물이 소낙비 되어도
볼 수 없고 어루만질 수 없다는 것이
아프다, 많이 아프다.

아프다, 많이 아프다.
지금은 아니라 할 것이지만
못다 한 이야기가 우담바라로 피고
너와 내가 연꽃으로 피는
우리들의 진정한 고향인 그곳에 가 있으렴.

부처님이 너를 반길 것이니
훗날 내가 찾아갈게

울고 싶을 때에는 운다

개구리
우수 경칩에 시작된 울음이
짝을 찾아 울고
알을 낳고 울고
깨어나는 애들 보고 울고
무논에서 가족과 함께하며 울고
석 달 열흘을 울고 운다.

나는
먹먹한 서글픔에 울고
폭폭한 애달 품에 울고
아리는 그리움에 울고
공허한 허전함에 울고
찢어지는 애처로움에 울고
잊은 듯 외로움에 울고
아는 듯 기쁨에도 운다.
그렇게 일주일을 울고
보름을 울었다.

얼마나 많은 사람들이
이 울음 감추며 살아갈까?

코로나 19 예방 접종에 책임을 져야

아스트라제네카.
화이자. 얀센.
모더나.
노바백스.
코로나 19 예방 백신이다.

발열. 피로. 근육통.
구토. 메스꺼움. 두통.
혈전. 호흡 곤란.
의식 소실. 입술 입 안 부공.
코로나 19 예방 접종으로 올 수 있는 공식적인 후유 증상이다.

21년 2월 26일 예방 접종 이후
구토 발열 호흡 곤란 안면 마비.
반신 마비. 전신이 마비.
뇌출혈. 뇌염 증상에
사망 103명
5월 16일 32명 더 있다고 조선 TV 뉴스 톱이다.
예방 시작한 지 3개월의 결과이다.

코로나 19 대응 중앙재난안전대책본부(중대본)에서는
예방 접종과 인과관계가 없다고 연일 발표하면서
예방 접종이 고령층에게 절대적 이익이 되고 편익이 위험보다
크단다.
예방 접종한 인(因)이 있고 죽음[死]이란 결과가 분명한데
누구의 편익을 말하는 것인지 이해하는 사람은 없다.
편익이 아니라 목숨은 하나라는 사실을.

이것이 현대 사회

눈이 내린 자락 영하 십삼 도의
연이은 한파 속 찬바람에
처마 끝 고드름이 장대같이 서 있고
재래시장 장바구니 목록에도 없던 코로나 19가
콧물 기침 답답한 가슴 통증에 목이 아프고
열이 나면서 온몸으로 골을 꼬집는다.

병문안도 할 수 없는
극단의 외로움으로 순간을 살아가는
지금뿐인 사람들
임종도 지켜볼 수 없는 창밖 가족들
조문도 알릴 수 없는 깨진 유리 파편 같은 관습의 상처들이
눈물을 삼키며 각자도생으로 근근이 버티어라 한다.

사이버 세계에서 온 외계인

지하 전철 안에서 폭력을 행하고
대낮 공원 산책길에서 강간 살인을 하고
번화가 사거리에서 쌍칼을 휘두르고
인터넷 매체에 살인을 예고하는 까닭을

홀로인 세상 독백마저 상실한 정신으로
젖은 솜이불처럼 스스로의 몸도 일으켜 세우지 못하면서
컴퓨터 게임 속 폭력과 폭파, 살인에 빠져
찌르고 차고 주먹을 휘두르다 죽었다 살아나는 화상 세계 삶으로

누구나 다 안다.
저렇게 거리마다 미쳐 날뛰는 그들 모두가
사이버 속 불사조로 죽었다가도 다시 살아나는
책임질 것 없는 주인공들임을

그 이름 외로운 늑대라는 것도

12월 3일

행정이 죽고
사법이 죽고
입법이 죽고
감사도 죽고
헌재도 죽고
언론도 죽었다.

달도 없는데
손가락질만 남았다.

탄핵

윤석열도 국민이 만들었고
이재명도 국민이 만들었고
여소야대도 국민이 만들었다.

여소 야대로
이재명은 탄핵을 즐겼고
윤석열은 계엄을 택했다.

윤석열은 계엄을 통치 개념으로 여겼고
국민은 계엄을 막아서며 아니라 했고
이재명은 여전히 탄핵을 즐겼다.

대통령 윤석열은
계엄이 왜 탄핵당해야 하는지를 아직도 모르고 있고
국민은 윤석열이 왜 계엄을 해야 하는지 모르고 있다.

김건희 오빠

대통령 윤석열은
김건희를 사랑한 나머지
국민에게 오랜 구습인
개 식용을 하지 말라고 법제화했다.

그리고 얼마나 되었을까?
국민에게 총칼을 겨누며
제 밥그릇에 토악질을 했다.

별이 쏟아진다.
큐레이터 요술봉에
저 하늘의 무수한 별이 사라진다.

대통령을 체포한단다

바람 끝이 차갑고 시리다.
몸은 한기가 들고 삭신이
쑤시고 아프기에
독감 몸살인가 했다.

대통령 관저 커다란 문이 열리고
일차 저지선이 무너지고
이차 저지선마저 뚫렸다는 TV 뉴스의 끝은
온 국민이 초라해했다.

어느 나라 대통령이 오랏줄에 묶이어
전 세계에 방송되는 것을 어찌할 수 없었다.
국회에 선관위에 총칼에 군홧발로
국민에게 계엄을 선언한 그를 용서할 수는 없었다.

자신이 한 일이 옳다고 하여도
한파 주의보가 내린 찬 겨울 바닥이 아니어도
뼈가 시리고 삭신이 쑤시는 이 아픔을
근본부터 다시 시작해야 했다.

그래서 속내는
이 나라 대통령이기에
돌아가 있으라 내가 갈 테니
그 말을 그 말을 하루 종일 기다렸다.

대통령 체포조는 돌아갔다.
바람은, 후폭풍은 불 것이고
종내 그는
나는 아니다로 끝나고 말았다.

눈 속 까마귀

눈이 내려
하늘도
땅도
모두가 하얀데
까마귀 한 마리
요점에 줄 그으며 날아갑니다.

대통령을 구속하라.

들리지 않는 외침

서울에서는 탄핵의 물결이
남쪽에서는 불바다가

사법은 언어학자가 되고
정치는 피카소의 두 얼굴 그림이 됩니다.

언론은 선종과 교종의 다름인가
교수도 문인도 예술가도, 그 모두도

넉넉한 말 한마디에
화합하고 화합을 위해
참회하고 용서하자는 이 없습니다.

국민이 투표로 권위를 부여한 대통령이
국가 통치 개념으로
군부 총칼을 들이밀 수 있다니
꽃으로도 때리지 말라는
그 말이 부끄럽습니다.

행주와 걸레 그리고

행주는 일상 밥을 먹는 그릇을 씻고 헹구고 닦는 일에 쓰인다.
행주가 더러우면 그릇을 아무리 깨끗하게 씻어도 더러워진다.
더러운 그릇에 음식을 담으면 음식이 상하고
상한 음식을 먹으면 몸은 병들게 되고
병든 몸은 목숨을 위태롭게 한다.

걸레는 일상 방을 닦고 주변을 청결하게 하는 데 없어서는 안 된다.
걸레가 더러우면 방 안을 제아무리 청결하게 한다고 해도 더럽다.
더러운 걸레로 방을 닦으면 방 안이 되레 더러워지고
방이 더러워지면 피부와 호흡에 문제가 생기게 되고
문제가 심해지면 삶을 위태롭게 한다.

국회는 국가의 헌법 기관으로 국회의원 개개인이 입법 기관이다.
국회의원의 입법이 정당하지 못하면 국가는 더러워진다.
국가를 더럽히는 입법은 국민의 삶을 더럽게 하고
국민의 삶이 더러워지면 국민이 병들게 되어
결국 국민이 병들면 국가는 망하고 만다.

그래서

행주와 걸레는
바람이 통하는 햇빛에 잘 말려야 한다.
그리고 쓰는 사람들이 잘해야 할 일이다.

입법의 신님

간절히 소원합니다.
생각과 말이 같게 하소서
말과 행동이 같게 하소서
국민과 국회가 생각이 같게 하소서

이 모두를 위해
한 편의 시를 감상하고
작은 여백이 있게 하소서.

가진 것 없고
지닌 것 없고
나눌 것 없고
권위도 없고
법 없이도 살 수 있는
국민이 행복할 수 있는
법 없는 법을 만들어 주소서.

어디에서 안민가를 부를까

신라 경덕왕
충담 스님의 안민가로
"임금은 임금답게
신하는 신하답게
백성은 백성답게"

오늘에는
대통령은 대통령답지 못하고
국회는 국회답지 못하고
법원은 법원답지 못하고
검찰은 검찰답지 못하고
국민은 국민답지 못하고
방송은 방송답지 못하니

잘못했다고 편법으로 조사하는 것도
편법 조사라고 잘못을 인정하지 못하는 것도
팬덤에 빠진 국민은 이익을 따지고
방송은 감정에 이입되어 진실은 홀로가 되고
별은 하늘의 외로움일 뿐
안민가는

그 누구를 위해
어디에서도
부를 수 없는 노래가 되어 가네.

7부

보았느냐
— 불기 2557년 부처님 오신 날에

보았느냐
도솔천 내원궁에서 호명보살로
사바세계에 나오시는 모습을

보았느냐
가비라국 정반왕의 태자로
룸비니 동산에서 태어나신 모습을

보았느냐
동서남북 사유 사방
생로병사 고통 속에 잠겨 있는 사바임을

보았느냐
명예도 권력도 부자도 아닌
오직 수행만이 건너가는 길이 있음을

보고 있느냐
지혜롭고 자비롭고 편안하여 번거롭지 않아
갈등과 번민이 사라진 중생의 복전인 부처님의 모습을

보고 있느냐
무명 업식이 연꽃 향기로 피어나고
육도 윤회의 길이 해탈의 길임을

보느냐
육신의 눈이 아닌
마음의 눈으로 부처님을 보느냐.

그 세월 천 년 더 너머로
— 불기 2558년 부처님 오신 날에

자비가 무엇인지 알지 못하면서 제멋대로 생각했습니다.
지혜로움도 없으면서 제 앎대로 말했습니다.
정진도 부족하면서 제 고집대로 행동했습니다.
마음을 모르는 체 제 맘대로 그렇다 했습니다.

그러면서
업 하나 고치지 못하면서 힘들다고만 했습니다.
나만이 혼자라는 외로움으로 함께하지 못했습니다.
그리워하면서도 솔직하지 못했습니다.
찾고 싶었지만 몰골이 아니라 했습니다.
병들어 아프다는 한없는 핑계를 댔습니다.

기본적인 행동으로 익힌 계율은
대안 없는 반복된 참회로 습관만 키웠습니다.
원하는 것이 무엇인 줄 알아 담아 두기에는
치우치는 그릇이 너무나 깊고 넓지 못했고, 그나마
관습과 관행으로 제 모습을 지키는 것이 다인 줄 여겼습니다.

시간에 멈춘 것이지요.
아니 시간에서 깨어나지 못한 것이지요.

깨려고 합니다.
한 모습 바꾸려고 합니다.

여래선과 조사선, 소승과 대승
그 속에 중생이 부처를 이루고
울과 담을 허물어 열어젖힌 문으로
그 세월 천 년 더 너머로
또 다른 우리이고자 합니다.

오늘 우리 부처님의 제자로
― 불기 2559년 부처님 오신 날에

세상이
어둡고 답답해
아프고 힘들어 지치려 함에
하늘빛 그림자로 우리의
아욕다라삼약삼보리로 부처님을 찾습니다.

지친 몸으로 병들고
죽어 가는 두려움이 자리 잡을 즘
세상 그런 것이라고 인정하면서
힘없는 발걸음에 뒤돌아보지만
알 수 없는 여기가 어딘가 합니다.

어디인지를 모르는 우리들이지만
캄캄한 어두운 밤이면 작은 등불을 켜고
폭우가 내리면 비닐우산을 쓰고
거친 바람이 불면 동굴 속으로 숨으며
폭설이 쏟아지면 아궁이 불을 지필 줄 압니다.

그런 속에
원력이라는 아주 작은 별에

소원이라는 큰 나무를 심고
발원이라는 거름을 하면서
수행이라는 실천을 하려 합니다.

지나가는 구름에도 가는 비가 내리듯
우리 사는 일에 작은 소원 하나 있어
부처님 전에 등불 하나 켜고
그동안의 죄업을 참회하며
늦지 않았는지 다시 한 번 더 다짐을 하면서

그래도 우리는
부처님 가르침대로
부처님의 제자들로
부처님을 닮으려고
기도하고 참선하고 염불합니다.

모두가 함께하신 분이 오신 날입니다
— 불기 2560년 부처님 오신 날에

유아(唯我)하심을 공경하고
둘도(獨尊) 없음을 축하드리며
신묘하고 맑음을
성대함으로 닮고자 하는 우리입니다.

그 길 서로 의지하고 절차탁마하는 속에
힘들어함이 우리의 업이 닦이는 일로 여기며
사랑으로 자비의 꽃을 피우고
지혜로 감로의 열매를 맺고자 합니다.

위없는 법문을 배우고
가없는 중생을 제도하여
머무는 그곳이 불국토 장엄이자
여래의 출현으로 알고자 합니다.

생로병사의 바다가 다하고
우비 고뇌의 사막이 다하고
상락아정(常樂我淨) 무여열반(無餘涅槃)이
우리들의 것임을 느끼고자 합니다.

모두가 함께하신 분이 오신 날을
두 손 모아 한마음으로
모두를 함께하시는 분이기에
축하드릴 수 있는 나에게도 축하합니다.

오늘 룸비니 동산이 되었네
— 불기 2561년 부처님 오신 날에

매화꽃 피고 지니
은방울 초롱꽃 불 밝히고
벚꽃은 꽃나비로 날아
쌓인 그대로가 룸비니 동산이 되었네.

바람이 노래 부르면
나무는 춤을 추고
바위에 떨어지는 낙수는
염불 삼매로 안양(安養)합니다.

냉이꽃 민들레
바위틈 제비꽃은
연등 부처님 진흙 길에
유등 동자 머리카락이 되었고.

마냥 행복해
곱고 아름답다는 말이 부끄러운
떨어진 꽃잎 하나 그대로가 중생이 되고
떨어진 꽃잎 하나 그대로가 부처님 되는.

오늘은 좋은 날 부처님 오신 날
모두가 부처님 만날 수 있는 날.

평화의 꽃이 피었네
― 불기 2562년 부처님 오신 날에

하늘의 별을 따다
등을 만들고
부처님 지혜로
등불을 밝힙니다.

피어나는 꽃들의 향기 속에
흐르듯 지나치듯
존재하는 그대로의 소리 법문에
53년생 소나무에 평화의 꽃이 핍니다.

무명 업식에 병든
억겁의 불치병이 치유되고
만겁의 탐욕이
함께하는 나눔으로 녹아내리는
2562년 4월 8일은
석가모니 부처님 오신 날이 되었습니다.

차이도 차별도 없는
평등 무차한 오롯함으로
별 하나 따다 등을 만들고
부처님 지혜로 등불을 밝힙니다.

다 함께 성불합시다
— 불기 2563년 부처님 오신 날에

연등 부처님 시절 유동 동자로
가리왕전 활절 인욕 선인으로
도솔천 내원궁 호명보살로
룸비니 동산의 싯다르타 태자로
사문유관의 성을 넘은 출가 고행자로 그 끝에
보리수 아래 십이 인연을 관하는 수행자의 길을 열어〔開〕
마군을 항복받고 완전한 지혜를 보이시며〔示〕
우리 또한 그 길에 함께하는 공덕으로 깨달음〔悟〕을 얻어
열반 안락(安樂)의 열락(悅樂)에 들어가게 하시니〔入〕
맨 처음 그날이 부처님 오신 날이다.

세상에서 가장 아름다운
우담바라 꽃을 피우고
비교할 것 없고 같을 것 없는 반야의 등불과
끝 간 데 없고 끝 간 줄 모르게 향기로운 전단향의 향기와
도리천에서 길러 온 감로수에
선정의 쌀과
선열의 과일을 더했다.

천룡팔부 일백 사위 신장의 옹호 속에

가릉빈가 피리를 불고
동방지국천왕 비파를 켜며
가루라 춤을 추는 속에
마후라가 긴나라 건달바 노랫소리가
우리 성불합시다.
모두 성불합시다.
다 함께 성불합시다.
우리 모두 다 함께
같은 날 성불합시다.

부처님 윤사월에 오셨다
— 불기 2564년 부처님 오신 날에

부처님 오시는 길목에
신종 코로나 19와 다기관 염증 증후군 전염병이 먼저
어린아이들을 비롯해 늙음에 이르기까지
모두를 고통과 공포의 풍랑 속으로 들게 합니다.

일찍이 경험하지 못한 신종 전염병으로
예방도 약도 없는 가운데 모르는 사람들의
그럴 것이라는 아는 듯한 이야기가 혼돈과 무질서를 만들고
방향성을 잃은 앙굴마라와 제바달다 같은 심보입니다.

코로나 19는
세계적 감염 확진자가 500만 명으로 사망자는 35만 명에
대한민국 국민의 감염 확진자는 11,400여 명에 269명의 사망자에 이르고
소아 청소년 다기관 염증 증후군은 또 다른 코로나 19로 의심합니다.

금년에 다행히 윤사월이 들어
부처님 오신 날의 축제를 한 달 늦추었으나
중생의 업연으로 늦춘 윤사월 부처님 오신 날인 오늘도

모여서 부처님을 기리고 축하하며
환희로움으로 함께하는 모습은 볼 수 없게 되었습니다.

오늘의 코로나 19의 전염이
다 겁 생의 공업으로 알아
현생의 모든 이웃과 함께
진심으로 삼보에 귀의하여 참회하고 발원합니다.

2564년 전 바이살리에서 현시하셨던 것처럼
부처님의 지혜와 자애로
오셨던 그 마음을 알아
일상으로 돌아가는 길을 찾을 수 있도록 하시고.

오늘 이후 함께하는 온 세계의 한 이웃들이
길을 가는 이나 오는 이도
밤이나 낮이나 안온함으로 불안함이 없이
평안함을 얻어 행복하게 하여 주십시오.

꽃이 피었습니다
— 불기 2567년 부처님 오신 날에

꽃이 피었습니다.

오월의 꽃이 피었습니다.
희망의 꽃이 피었습니다.
열망의 꽃이 피었습니다.
정열의 꽃이 피었습니다.

은혜의 꽃이 피었습니다.
보은의 꽃이 피었습니다.
고마운 꽃이 피었습니다.
감사의 꽃이 피었습니다.

축하의 꽃이 피었습니다.
축복의 꽃이 피었습니다.
발원의 꽃이 피었습니다.
현몽의 꽃이 피었습니다.

가피의 꽃이 피었습니다.
가호의 꽃이 피었습니다.
감응의 꽃이 피었습니다.

수기의 꽃이 피었습니다.

부처님 말씀 속에 모두 있습니다.
부처님 말씀 속에 우리가 있습니다.
우리는 피는 꽃 가운데 하나로 있습니다.
맑고 곱고 아름답고 향기롭기가 그지없습니다.

가릉빈가 춤을 춘다
— 불기 2568년 부처님 오신 날에

무량겁의 여행길에
천상도(天上道)에서 쾌락을 읽히고,
수라도(修羅道)에서 투쟁을 읽히고,
축생도(畜生道)에서 아집을 읽히고,
아귀도(餓鬼道)에서 탐욕을 읽히고,
지옥도(地獄道)에서 온갖 성냄을 읽히다가
몰란 결에 행한 선행으로.

금생에
인간도(人間道)의 여행길에 이르러
부는 바람에 실버들 살랑거리고
피는 꽃향기에 벌 나비 춤을 추고
먹장구름 속 폭우는 폭포가 되고
눈 내리는 날이면 망부석도 갓을 쓰니
나의 것인 줄로만 알았습니다.

부처님 법 만나
나의 것인 줄로만 알았던 모든 것들이
마음을 앗아 가는 무량겁의 업습임을 알게 하시어
방생으로 살생하지 않게 하시고

보시로 복덕을 짓게 하시며
지혜로 어리석음을 멸하게 하시고
참회로 발원을 심어 주셨습니다.

지속되는 인간세(人間世) 여행길에
진실한 모습 그대로의 모습을 알게 하고
변화하는 흐름에 흘러가게 하며
소원하는 모든 일에 희망을 남기어
이와 같이 칭송하고, 이와 같이 찬탄하는 속에
거문고 비파 소리에 극락조 노래하고
가릉빈가 춤추게 합니다.

우리 곁에 오신 불보살님
— 불기 2569년 부처님 오신 날에

천상천하에 가장 존귀함으로
세상 그 무엇과도 견줄 수 없는
나의 마음은 석가모니 부처님입니다.

인자하신 지혜로움으로
자상하신 할아버지는
우리들의 문수보살님입니다.

가족의 일이라면
물불 가리지 않고 행하시는 아버지는
우리들의 보현보살님입니다.

안온하고 따뜻한 사랑으로 안아 주시고
희망을 품게 하시는 어머님은
우리들의 관세음보살님입니다.

성장의 고통 속에 어떠한 일에도 지치지 않고
원대한 희망으로 발원하는 젊은이들은
우리들의 지장보살님입니다.

꾸밈없는 마음에 아주 작은 웃음으로
맑고 밝은 행복을 안겨 주는 어린아이는
우리 집의 천진불〔自家屋裏天眞佛〕입니다.

소소하게 들려주신 옛이야기 속 자장가와
포근한 손길로 아픈 배를 어루만져 주시는 할머니는
우리들의 약사여래이십니다.

오늘은 부처님 오신 날
사사(事事)에 무애(無碍)하고(서로서로 걸림 없고)
이사(理事)에 원융(圓融)하니(몸과 마음 하나 되니)
우리가 모두 석가모니 부처님이며
우리 모두가 불보살입니다.

---

*천진(天眞): 자연 그대로 참되고 꾸밈이 없음.
천진불(天眞佛): 법신은 천연의 진리이며 우주의 본체라는 뜻으로, '법신불'을 달리 이르는 말.
사사무애(事事無碍): 현상계 만유의 낱낱 사물이 서로 상통하여 막힘이 없을 뿐 아니라 현상 차별계 사이에서도 그러하다는 것이다.
이사무애(理事無礙): 평등한 본체계가 차별적인 현상계와 상호 모순과 걸림이 없이 조화로운 상태.

염불하는 우리가 부처님

염불하는 내가 염(念)하는 부처님과 하나가 되는 일행 삼매에 들면

염불하는 나와 염(念)하는 부처님과 하나이다.

까닭에 염불할 때 염불하는 우리가 누구? 부처님
석가모니불을 염불하는 우리가 누구? 석가모니불!
아미타불을 염불하는 우리가 누구? 아미타불!
관세음보살을 염송하는 우리가 누구? 관세음보살!
문수보살을 염송하는 우리가 누구? 문수보살!
지장보살을 염송하는 우리가 누구? 지장보살!
보현보살을 염송하는 우리가 누구? 보현보살!
약사보살을 염송하는 우리가 누구? 약사보살!
팔부신중을 염송하는 우리가 누구? 팔부신장!

연등, 한 꽃이 핍니다.

한 잎 두 잎
연잎을 빚고
빚은 꽃잎으로 연등을 붙이다
무념(無念)
무상(無想)의 선정(禪定)에 들면
생각 생각이
그대로가 보리심(菩提心)으로
환희장마니 세계에 이른다.

피어나는 연꽃 속에서
부처님 설법을 들어 마치고
출정(出定)을 하게 되면
원하는 것이 무엇이든
그곳이 어디이든
연등
한 꽃이 피었음을 봅니다.

어머니

어머니
어머님이
행하심은 계율이요
자애로 베푸신 대자비는
인욕(忍辱)의 향기로 천만년을 품었으며
일상에 그리는 그리움으로
얻을 것 없다는 한결같은 말씀은
최상승 법문이십니다.

어머니
어머님은
만 중생의
불모이십니다.

당신으로 인해 나는

나는 당신으로 인해
울보인 줄 알았습니다.

낮게 앉은 풀꽃에서도
연초록 새싹에서도
비가 오고 눈이 오는 날에도
바람 불어 떨어지는 낙엽에서도
영화관 스크린에서도
박물관 전시장 유물에서도
골목길 어귀 벽화에서도
밥상머리 갖은 반찬에서도
해 놓은 일과 하고 있는 일에서도
해야 할 일에서도
법당에서 불단을 닦고 촛불을 켜고
향을 사르고 다기와 마지를 올리면서도
염불 기도하는 속에서도
한 장의 경전을 읽는 속에서도
오롯한 선정 속에서도
아니
때 묻은 추억들로

당신만이 나의 눈물을 담아 주기에
오늘도 당신이 그리워 웁니다.

어느 점에서 만날 수 있는 건가요.

우리 만날 수는 있는 걸까요
어느 점에서 우리 만날 수 있을까요
우리 어느 점에서 만날 수 있는지 알 수는 없는 건가요
어느 점에서 우리 만나면 행복하다 할 수 있는 것인가요

금생에 허우적거리며 비틀거리는 걸음이
어린아이의 박차고 일어서는 걸음이라 하여
대견하다고 여기시며 지켜만 보셨다면
분별없이 갈팡질팡거리는 발걸음 아래
걸음마다 무억(無憶)으로 살생한 숱한
영혼의 원한과 애환에 맺힌 업보로
무간지옥에 가 있으면
데리러 오시렵니까?

자성불이든
과거불이든
오셔서
또 어느 점에 다시 오신다고 하시렵니까?

층간 소음

내가 사는 아파트는 총 11층이다.
나는 욕계 아파트 5층에 산다.

사는 이들을 둘러보면 이러하다.
지옥(地獄)
아귀(餓鬼)
축생(畜生)
아수라(阿修羅)
인간(人間)
4왕천(四王天)
도리천(忉利天)
야마천(夜摩天)
도솔천(兜率天)
낙변화천(樂變化天)
타화자재천(他化自在天)

위층인 사왕천은 틈만 나면
천둥 번개로 층간 소음을 일으키는데
장난감 자동차 굴리는 소리
의자 다리 끄는 소리

망치로 못 박는 소리
전기스토브에 물 끓이는 소리
사왕천끼리 씨름하며 힘쓰는 소리
폭포수 물 떨어지는 소리로
모든 몸짓 하나가 층간 소음이다.

아래층에서는
이불을 뒤집어쓴다고 되는 일도 아니고
귀를 막는다고 되는 일도 아니고
밖에 나가 돌아다닌다고 되는 일도 아니고
동네방네 소문을 낸다고 되는 일도 아니고
쫓아 올라가 항의를 한다고 되는 일도 아니라.

선덕여왕이 입적하면서
사왕천에 묻어 달라고 한 까닭을 화두로 삼으련다.

시결(詩結)

김은령(시인)

로담 스님이 십 년 만에 내는 이 시집은 '모든 일상이 법 아님이 없고, 모든 법이 참됨 아님이 없다.'라는 것을 일러 주는 대하진언(大河眞言)이다.

거울 앞에 서서 '이 뭣고?'로 시작하여 '우리가 누구? 부처님!'이라는 구경(究竟)에 이르기까지 깊고 긴, 시(詩)의 장강이 흐른다.

빗소리, 새소리, 모든 물상에 흐르는 바람의 소리와 꽃과 벌 나비, 천지간에 소복이 쌓이는 흰 눈, 모든 것을 품는 바다 등. 삼라만상의 본체를 법의 눈으로, 시인의 마음으로 노래하고 있다.

이 시집은 총 126편을 7부로 나누어 수록하였다. 요즈음 발간되는 시집의 수록 시편들은 보통 50~60편 내외인 것에서 보면, 거의 두 권 분량인 셈인데, 수록된 시 편 수만큼이나 시향이 짙고 풍요롭다.

로담 스님은 지난 10여 년 동안 동아시아 선사들의 선시(禪詩) 번역에 집중하였다. 고구려, 백제, 신라의 '삼국'과 고려의 선사들이 남긴 선시를 역해한 『韓國의 詩僧』을 비롯, 『中國의 詩僧』, 『연방 시선』, 『九詩僧의 노래』 등 역대 조사 선사들의 선시[게송]를 번역하였다. 그런 시향을 훈습하였을까? 이번 시집에 시는 도도하기가 장강을 이루고 시편은 항하의 모래와 같은데. 권두에

서시(序詩)로 표명하여 다음과 같이 노래하고 있다.

얼마나 그리워해야
한 점 선혈(鮮血)로 토하고
얼마나 더 오롯이 해야
사리(舍利) 한 알을 얻을까

온갖 식물이
꽃으로 피지 않음이 없고
벌 나비로 맺은 열매가
모다 싹 틔우는 것 아니라 해도

모든 말이 시어(詩語) 아님이 없고
모든 시어가 노래 아님이 없는데
오로지
내가 알지 못했고

모든 일상이
법 아님이 없고
모든 법이 참됨 아님이 없는데
오로지
내가 어리석었네

가르쳐 주는 스승 없어도

나뭇가지는 햇빛을 향해 뻗고

아주 작은 꽃씨는 바람 따라

옥토를 향해 날아간다.

— 「홀로 부르는 노래」 전문.

　긴 세월 '말이 시어 아님이 없고, 모든 시어가 노래 아님이 없었음'을 안 시인의 노래가 이 시집 전편에 흐른다.

　시집 1부 첫 시편으로 거친 수염을 정리하려고 거울을 들여다보는데, 그 속에서 60대의 아버지 얼굴을 마주하고는 홀연히 거울 밖의 "나는 누구인가?/ 이 뭣고?"에 가닿은 「거울」이란 시를 올려놓았다. 그리고 1부 마지막은 출가 오십 년이 넘었다고 말하며, 그 법 안에서 죽더라도 사십구재도 기제사에도 염불하지 말아 달라고 한다. 왜? "천 년이 가고 만 년이 가도 쪽팔리는 것은 마찬가지다."라고 생각하니까. 그리고 7부는 찬불가이며 발원가로 채워져 있다. 그 첫 편을 "갈등과 번민이 사라진 중생의 복전인 부처님의 모습을/ 보고 있느냐// 무명 업식이 연꽃 향기로 피어나고/ 육도 윤회의 길이 해탈의 길임을// 보느냐/ 육신의 눈이 아닌/ 마음의 눈으로 부처님을 보느냐"(「보았느냐 —불기 2557년 부처님 오신 날에」)로 시작하여, 다음과 같은 시로 마무리를 짓는다.

우리 만날 수는 있는 걸까요

어느 점에서 우리 만날 수 있을까요

우리 어느 점에서 만날 수 있는지 알 수는 없는 건가요
어느 점에서 우리 만나면 행복하다 할 수 있는 것인가요

금생에 허우적거리며 비틀거리는 걸음이
어린아이의 박차고 일어서는 걸음이라 하여
대견하다고 여기시며 지켜만 보셨다면
분별없이 갈팡질팡거리는 발걸음 아래
걸음마다 무억(無憶)으로 살생한 숱한
영혼의 원한과 애환에 맺힌 업보로
무간지옥에 가 있으면
데리러 오시렵니까?

자성불이든
과거불이든
오셔서
또 어느 점에 다시 오신다고 하시렵니까

—「어느 점에서 만날 수 있는 건가요.」 전문.

    이처럼 시인 로담 스님은 시를 통해 출가 수행자로서의 자신의 발자취를 철저하게 들여다보고 있다. 페이지를 넘길수록 암자에서의 깨침의 노래를 담고, 눈에 비치는 모든 사물이 사랑 아님이 없음을 노래한다. 또 시 편편을 통해서 부처님 법 속으로 우리를 이끌어 가며 출가자의 본분을 지키려고 노래하는 모습이 담겨 있

다. 그렇다고 이번 시집의 시편들은 법(法)의 세계에만 머무르는 것이 아니라, 현실의 우리 시대 상황에 기꺼이 참여하여 죽비를 내린다. 세기의 팬데믹이었던 '코로나 19'와 모든 국민을 분노케 한 지난해 12월 3일 일어난 친위 쿠데타인 윤석열이 내린 '비상계엄령'에 대한 일련의 시편들은 문학의 본령 중 하나인 현실을 직시하며, 그 속의 구성원들과 함께 시대를 노래하고 계도하고자 하는 시인의 자세를 드러내고 있다.

『후포 가는 길』에는 시인 로담 스님이 지켜봐 온, 지키고 싶은, 만물에 대한 사랑이 들어 있다. 그 속에는 "무명작가는 달 밝은 별밤을 지새우면서도/ 작은 연못 가운데 별 하나 건지지 못했다"(「먼 길」)고 토로하는 시인의 고뇌와 "모습도 향기도 나의 그리움도 모른다 하시니/ 하늘이라 하시리까. 꽃이라 하시리까./ 누구의 진실이라 하시리까"(「가장 그리운 사랑 한 소절 4」)라는 사랑하는 '존재'에 대한 의미를 묻는 절절한 시인의 그리움이 있다.

또한 구산 노스님께서 생찻잎을 손끝으로 요물조물 매만져서 차를 만들어 드시던 것을 회상하며 "나는 그 차의 무진향미(無盡香味)의/ 맛을/ 아직도 모른다"(「송광사 방장 구산 노스님의 차 1」)에서는 무진향미의 법화(法華)의 순간을 우리에게 전해 주기도 한다. 뿐만 아니라 "우리 함께 사는 세상인데,/ 당신의 힘으로는 그렇게 몹시 어려운 일도 아닐 텐데/ 모두에게 희망 하나 건져 올리자는데/ 어쩌자고 애써 모른 체하십니까."(「말 한마디에 감사함을 전하려고 -세월호 사실 규명 촉구를 위하여」), "오늘에는 대통령은 대통령답지 못하고/ 국회는 국회답지 못하고/ 법원은 법원답지 못하고/ 검찰은 검찰답지 못하고/ 국민은 국민답지 못하고/ 방송은 방송답지 못하니"(「어디에서 안민가를 부를까」) 등. 우리 사회의 이슈에 대해 참여하고 있는, 시인 로담 스님의 세계가 펼쳐져 있다.

시집 『후포 가는 길』은 50여 년 정진해 온 수행자의 정신과 지혜가, 아름답고 자비로운 시심이! 녹아 있는 시인 로담 스님의 진언이며, 아가타(阿伽陀)이다.

후포 가는 길

초판 1쇄 발행 2025년 8월 11일

지은이 로담 정안
펴낸이 이계섭

책임 편집 박찬세
디자인 이라희

펴낸곳 (주)백조
주소 경기도 화성시 남여울3길 19 201호
출판등록 2020년 8월 14일
전화 031-8015-0705
팩스 031-8015-0704
E-mail baekjo1120@daum.net

ISBN 979-11-91948-27-1(03810)
값 12,000원

*표지의 사진은 영남대학교 독도연구소에서 제공하였습니다.
*이 책 내용의 전부 또는 일부를 재사용하려면 반드시 저작권자와 (주)백조 양측의 동의를 받아야 합니다.
*잘못된 책은 바꾸어 드립니다.